Lernen macht Spaß mit
Mandalas

30 Mandalas, viele Rechenspiele, pfiffige Rätsel
und allerlei Lernspaß

VERLAG FÜR POSITIVE LEBENSGESTALTUNG

Illustrationen, Layout, Satz: DES!GN Eva Kräling, Wuppertal
Text: Waltraud Still
Covergestaltung: Eva Kräling
Gesamtherstellung: VPL Verlag für positive Lebensgestaltung GmbH, Königswinter

ISBN 3-927337-98-6

Was ist ein Mandala?

Mandalas malen macht den meisten Kindern Spaß. Mit Hingabe widmen sie sich dem Ausmalen der kreisrunden Bilder. Das Mandala-Malen fördert die Konzentration, trainiert die motorischen Fähigkeiten und vermittelt Kindern ein gutes Gespür für Formen und Farben. Was aber ist eigentlich ein Mandala? Das Wort »Mandala« kommt aus einer sehr alten Sprache, dem indischen Sanskrit, und bedeutet so viel wie »Kreis« oder »Kreisbild«. Im weiteren Sinne bezeichnet man als Mandalas Formen und Bilder, die – vielfach kreis- oder strahlenförmig - um einen Mittelpunkt angeordnet sind. Kreisförmige Gebilde sind in allen Kulturen zu finden. Der Kreis ist in vielen Kulturen ein Symbol für die Sonne, ohne deren lichtspendende Kraft die Menschen nicht existieren könnten. Er ist aber auch ein Symbol für die Endlosigkeit, denn man sieht einem Kreis nicht an, wo er anfängt und wo er aufhört.

Vorbilder für Mandalas erkennt man auch überall in der Natur: die um den Stempel angeordneten Blütenblätter einer Blume, das spiralförmige Haus einer Schnecke, die Jahresringe einer Baumes, aber auch die Umlaufbahn eines Planeten. Fällt ein Regentropfen in einen Teich, so entstehen konzentrische Kreise. Betrachtet man eine Schneeflocke, Blumen oder Augen, überall in der Natur können wir Kreisformen entdecken – vom winzigen Eiskristall bis zum unvorstellbar großen Sonnensystem.

Die in diesem Buch eigens für Kinder entwickelten Mandalas sollen sie dazu anregen, sich vom Zauber der Kreisform, der symmetrischen und geometrischen Gebilde und Formen, einfangen zu lassen.

Bei den Mandalas wurde auf eine klare, nicht zu komplizierte Linienführung geachtet. In ihnen können Kinder viele Figuren, Tiere, Gegenstände und Bilder aus ihrer Alltags- und Erlebniswelt erkennen: Bienen, die um ein Wabenlabyrinth angeordnet sind, Mäuse, die um einen Elefanten kreisen, Raketen, die auf einer Umlaufbahn sausen, eine trutzige Burg, Sonne, Mond und Sterne und viele andere witzige und abwechslungsreiche Mandalas, die die Phantasie der Kinder anregen und ihnen viel Freude beim Ausmalen bereiten.

Wie malt man ein Mandala am besten aus?

Bevor man mit dem Ausmalen beginnt, sollte man sich das Mandala zuerst einmal in aller Ruhe ansehen. Hat man das Muster, seine verschiedenen Formen und Flächen in sich aufgenommen, überlegt man sich die Farbgestaltung. Dann beginnt man mit dem Ausmalen, wobei man versuchen sollte, die Farben von außen nach innen aufzutragen. Beim Ausmalen kommen die Gedanken allmählich zur Ruhe, die Kinder konzentrieren sich auf das Ausgestalten der Formen. Wenn sich mehrere Kinder gleichzeitig mit Mandalas beschäftigen, wird es bald immer stiller im Raum. Nach und nach werden die Kinder eins mit dieser Beschäftigung und vergessen, was um sie herum geschieht. Sie verlieren sich ganz in ihrem kreativen Tun. Interessant ist es auch, wenn mehrere Kinder das gleiche Mandala ausmalen. Ganz sicher wird keines der fertigen Mandalas gleich aussehen. Unendlich sind die Fabkombinationen und Möglichkeiten. Für welche Stifte oder Malmittel man sich entscheidet, spielt letztlich eine untergeordnete Rolle. Buntstifte eignen sich ebenso wie Filzstifte. Manch einen stört der Geruch von Filzstiften oder das kratzende Geräusch, wenn man mit ihnen über das Papier fährt. Die einmal mit einem Filstift aufgetragene Farbe ist auch nicht mehr rückgängig zu machen. Für Filzstifte spricht die Leuchtkraft ihrer Farben und ihre unkomplizierte Handhabung. Buntstifte können mitunter etwas krakelig wirken, wenn man immer die Strichrichtung ändert und der Strich nicht ganz gleichförmig ist. Geschickte Kinder können auch mit Wasser, Pinsel und Deckfarben malen. Diese Technik erfordert allerdings etwas Übung, vor allem, wenn es um den Übergang zwischen Farbflächen geht. Wer gern mit Deckfarben arbeitet, sollte darauf achten, daß wenig Wasser und viel Farbe auf den Pinsel genommen wird. Die Farbe sollte immer gleichmäßig und in einer Richtung aufgetragen werden. Nimmt man zuviel Wasser, dann verlaufen die Farben.

Sehr gut geeignet sind auch Aquarell-Buntstifte; man benutzt sie wie normale Buntstifte, anschließend lassen sich mit einem feuchten Pinsel wirkungsvolle Aquarelleffekte hervorrufen. Man muß ein Mandala auch nicht unbedingt vollständig ausmalen. Auch weiße Flächen können in einem sehr bunt gestalteten Mandala eine besondere Anziehungskraft erzielen.

Vor allem wenn man Wasserfarben benutzen möchte, kopiert man sich am besten zuerst das Mandala. Denn sollte es nicht auf Anhieb funktionieren, dann kann man sich immer wieder auf einer Kopie neu versuchen. Vielleicht hat man auch Lust, das gleiche Mandala mehrmals mit immer wieder anderen Farben auszumalen.

Lernspaß mit Mandalas

Die Mandalas in diesem Buch enthalten viele Figuren, Gegenstände und Einzelheiten. Schaut man sie sich genauer an, fallen einem viele kleine Geschichten, Fragen und Übungen zu den kreisförmigen Gestaltungen ein. So finden sich in diesem Mandala-Buch witzige Rechen-Rätsel, in denen es um das Addieren und Subtrahieren von Zahlen im Raum bis Zwanzig und darüber geht. Anhand von Zahlenspielen, wie zum Beispiel dem Zinnen-Zählen, der Schatzsuche, den fleißigen Rechenbienen, den schnellen Rechenraketen, dem Hasen-Wettrechnen oder der Mäusedressur, werden den Kindern spielerisch mathematische Einsichten und Fertigkeiten vermittelt, die den Anforderungen vor allem des ersten Grundschuljahres entsprechen. Diese abwechslungsreichen Rechenübungen werden ergänzt durch Zahlenpunkte-Bilderrätsel, Fragen zur Uhrzeit und kleine Rechenbeispiele mit Geldbeträgen. Neben den Rechenaufgaben gibt es Schreibübungen, allerlei Rechtschreibrätsel, Kreuzworträtsel, ein Silbenquiz für Pferdefreunde und viele lustige Wörtersuch-Beispiele, wie den Wörtersalat in der Spielzeugkiste oder die Wörtersuche am Nachthimmel. Wer bei den Übungen Ausdauer beweist, wird auch das Lösungswort herausfinden, das bei einigen Aufgaben gesucht wird.

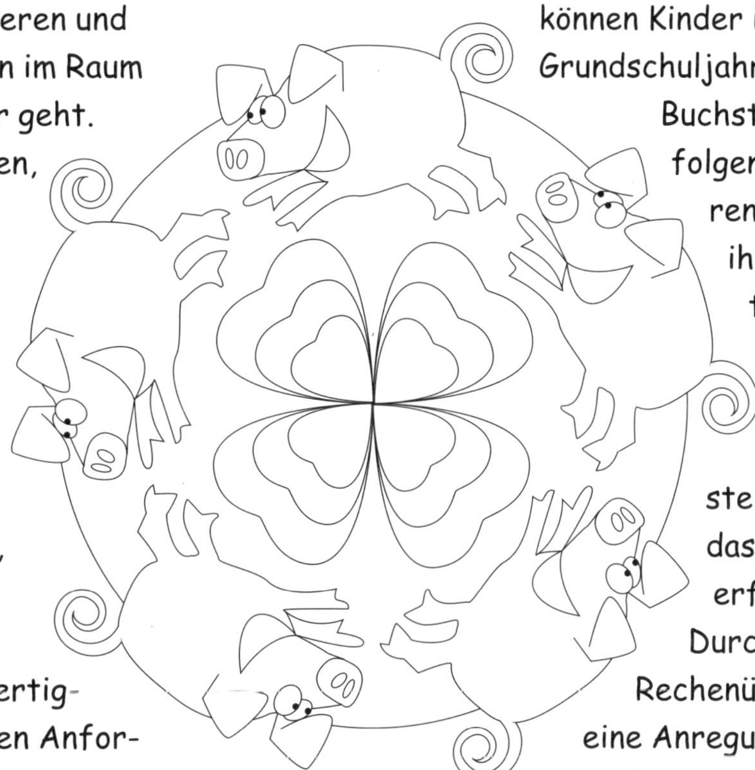

Mit diesen sprachlichen Lernspielen können Kinder im ersten und zweiten Grundschuljahr das Erkennen von Buchstaben, Buchstabenfolgen und Wörtern trainieren und darüber hinaus ihren Wortschatz erweitern. Bei den Wörtersuch-Rätseln geben kleine Zeichnungen manchmal eine Hilfestellung, damit die Kinder das Rätsel auch wirklich erfolgreich lösen können. Durch die Wort- und Rechenübungen sollen Kinder eine Anregung erhalten, spielerisch ihre Kenntnisse zu festigen. Wenn sie dann als Ergebnis ihrer Bemühungen den Eltern stolz ihre individuell gestalteten Mandalas und die Resultate der Lernübungen präsentieren, zeigt sich einmal mehr, daß Lernen ohne Leistungsdruck und kreatives Gestalten eine ideale Kombination sind.

Obst-Rätsel

Hier fehlen einige Buchstaben im Obst-Rätsel. Ergänze die fehlenden Buchstaben der einzelnen Obstsorten und trage sie in die freien Kästchen im Tennisschläger ein. Die Buchstaben der grau markierten Felder ergeben das Lösungswort.

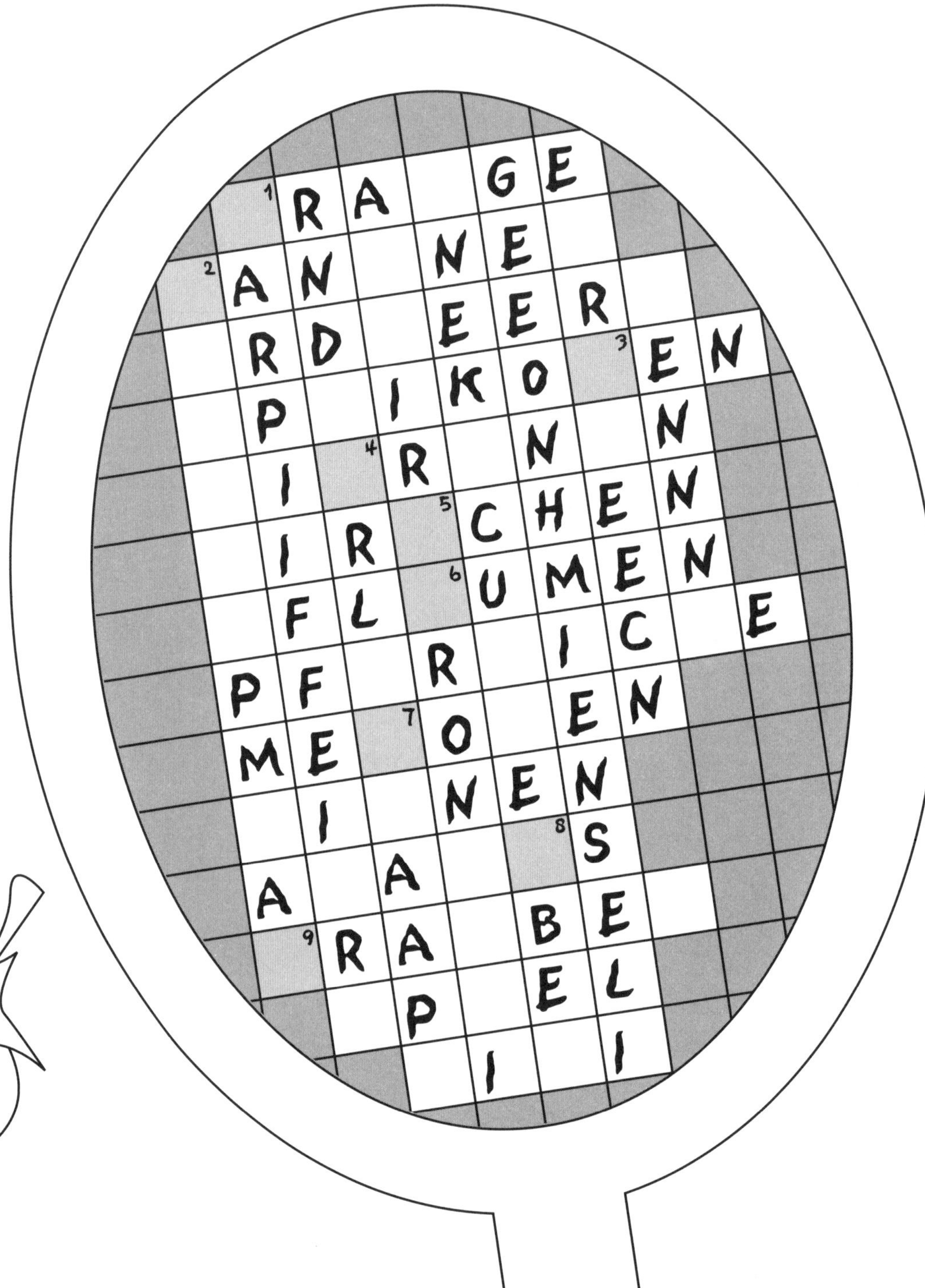

Das essen alle Kinder gern:

1	2	3	4	5	6	7	8	9

Die Kuh macht muh, viele Kühe machen Mühe !

Wie viele Kühe sind in dem Mandala?

= ◯

Wie viele Beine hat 1 Kuh?

= ◯

Wie viele Beine haben alle Kühe zusammen?

= ◯

Kühe mögen gern Klee und frische Wiesenblumen.
Schau dir die Blumen einmal genau an.
Jeweils 2 Blumen gehören zusammen.
Verbinde sie mit einer Linie
und male die
zusammengehörenden
Blumen in der
gleichen Farbe an.

Die fleißigen Rechenbienen

Trage die fehlenden Zahlen in die Wabenkästchen ein. Wenn du die 3 Zahlen in jeder Reihe zusammenzählst, erhältst du als Ergebnis immer die Zahl, die oben in der Bienenwabe steht. Das geht waagerecht und senkrecht.

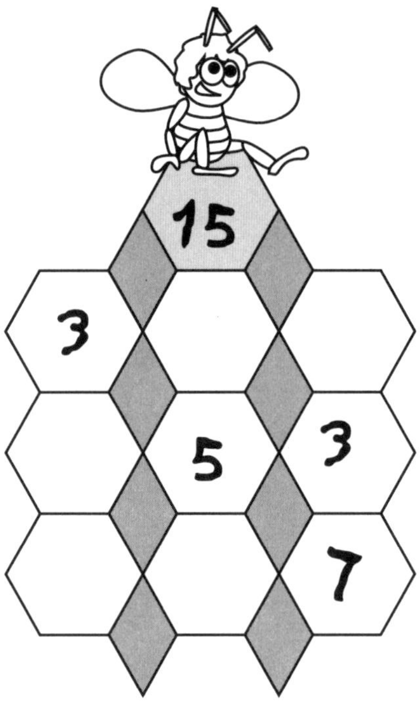

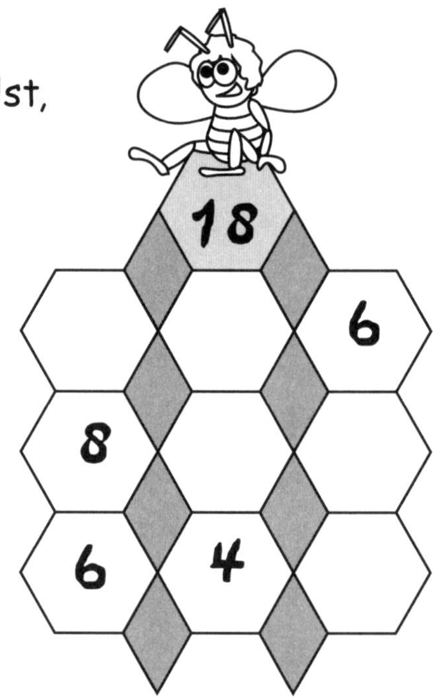

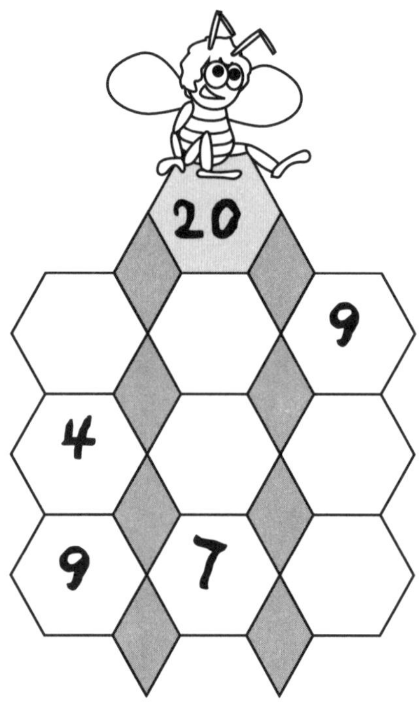

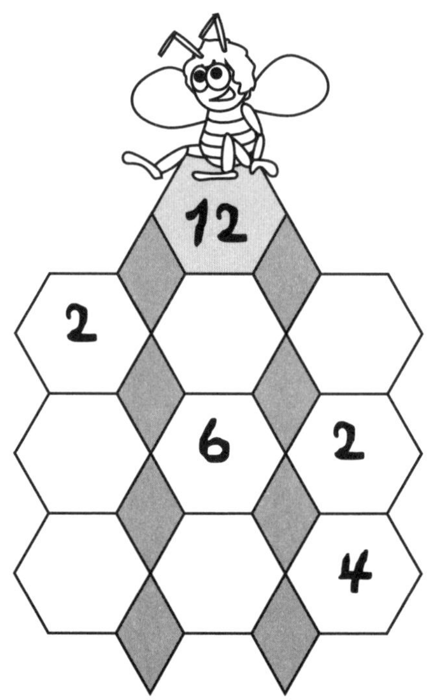

Wer fängt den dicksten Fisch?

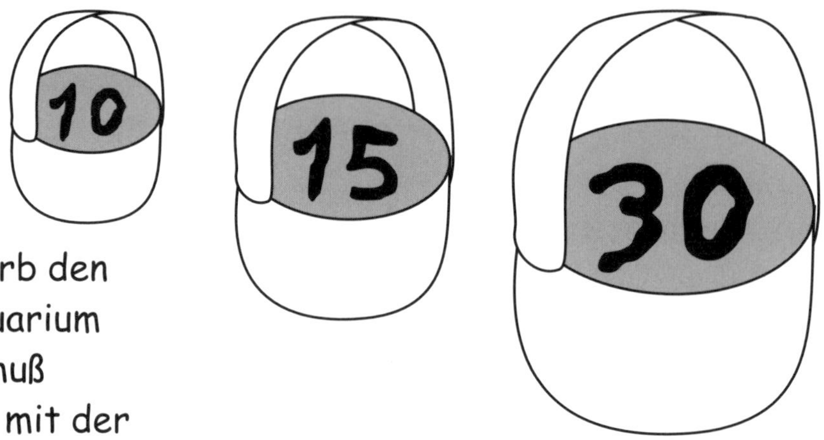

Hannah möchte beim Fische-Angel-Wettbewerb den größten Preiskorb gewinnen. Die Fische im Aquarium tragen verschiedene Zahlen. Welche Fische muß das Mädchen fangen, um einen der Preiskörbe mit der angegebenen Punktzahl zu gewinnen? Verbinde den Preiskorb und die Fische, deren Gesamtpunktzahl zu dem jeweiligen Preiskorb passt, mit einer Linie.

Ameisenstraße

Die fleißigen Ameisen transportieren den ganzen Tag viele kleine Sachen zu ihrem Haufen. Die Ameisen bilden Straßen, die Wörter ergeben. Kannst du sie lesen? Schreibe die Wörter mit bunten Farben nach.

Blume

Gras

Sonne

Baum

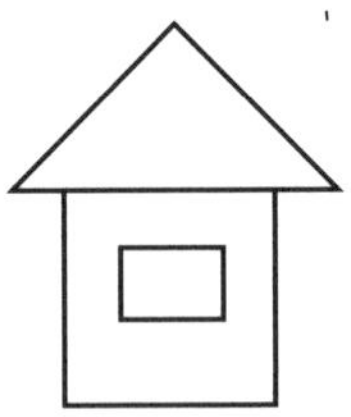

Haus

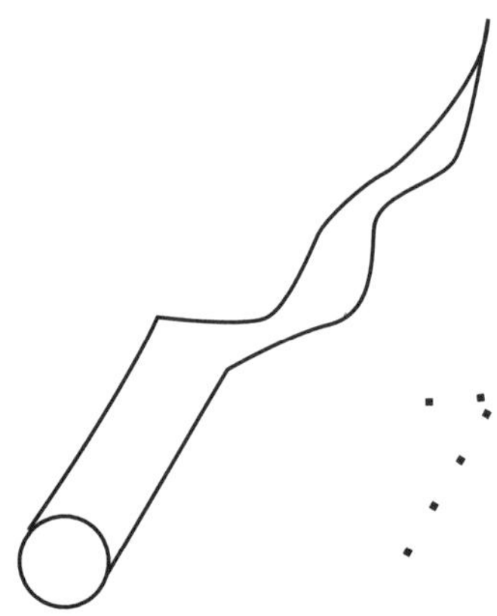

Ast

Darts – Wer macht die meisten Punkte?

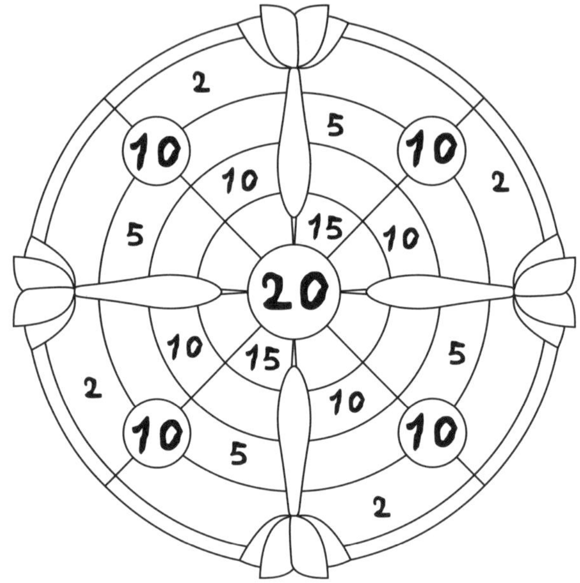

Jan, Marie, Peter und Lisa spielen Darts.
Damit die Scheibe schön bunt aussieht, male die Kreise in verschiedenen Farben aus.

Jan trifft mit seinen 4 Pfeilen 1-mal in den Kreis mit der 10, 1-mal in den Kreis mit der 5, 1-mal in den Kreis mit der 2 und ein Pfeil geht daneben.
Wie viele Punkte hat er?

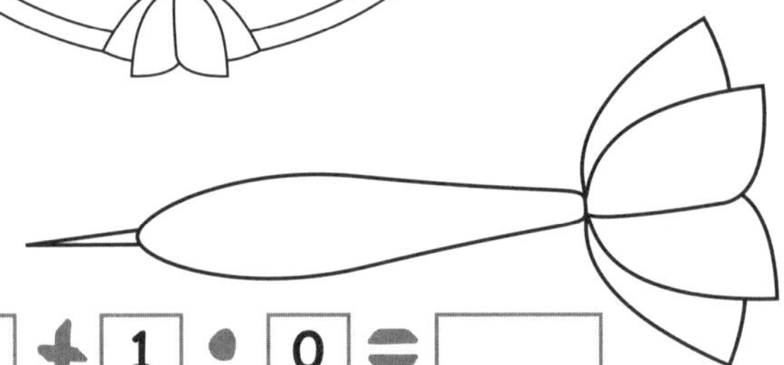

[1] • [10] + [1] • [5] + [1] • [2] + [1] • [0] = [ ]

Marie trifft mit 4 Pfeilen einen der kleinen Kreise mit der 10, einen Kreis mit der Zahl 5 und 2-mal trifft sie den Kreis mit der 2.
Wie viele Punkte hat sie?

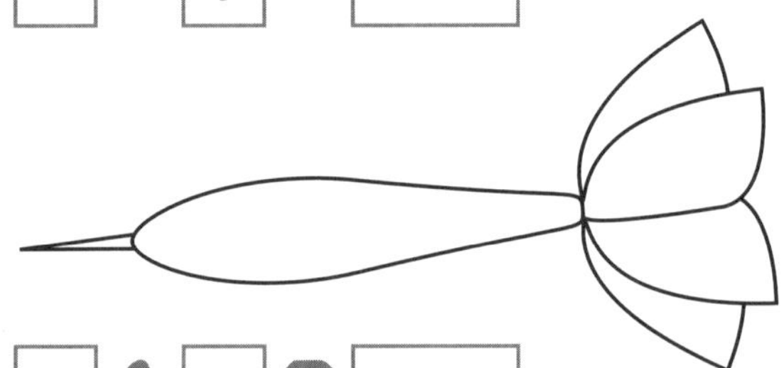

[ ] • [ ] + [ ] • [ ] + [ ] • [ ] + [ ] • [ ] = [ ]

Peter trifft 2mal den Kreis mit der 5, 1-mal den Kreis mit der 10 und 1-mal den Kreis mit der 2.
Wie viele Punkte hat er?

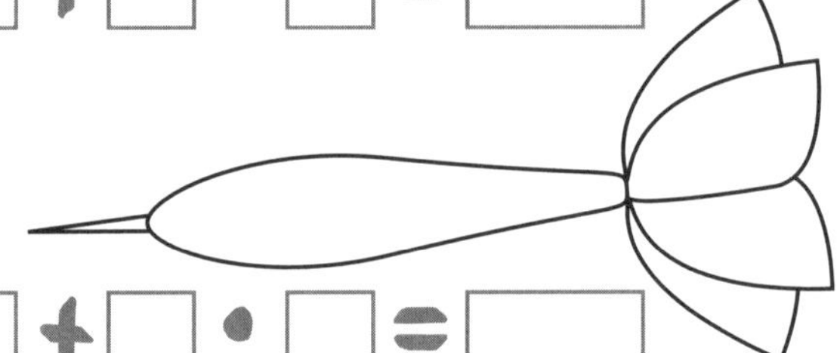

[ ] • [ ] + [ ] • [ ] + [ ] • [ ] + [ ] • [ ] = [ ]

Lisa schießt 1-mal in den Kreis mit der 15, 1-mal in den Kreis mit der 10, 1-mal in den Kreis mit der 5 und 1 Pfeil geht daneben. Wie viele Punkte hat sie?

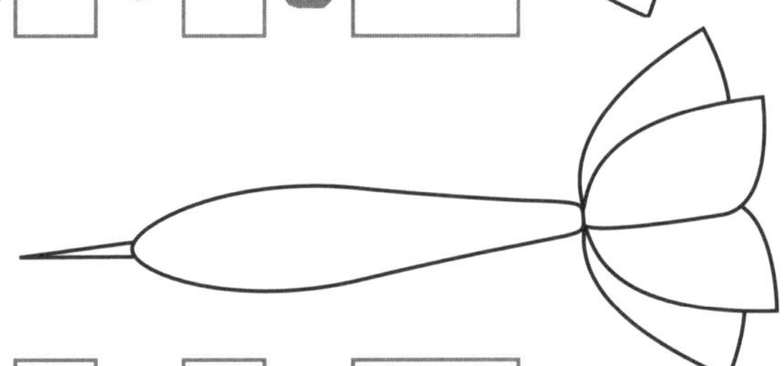

[ ] • [ ] + [ ] • [ ] + [ ] • [ ] + [ ] • [ ] = [ ]

Wer ist der Sieger?

Liebe Sonne scheine ...

Bei diesem Kreuzworträtsel fehlt in jeder Zeile ein Wort. Die fehlenden Wörter haben alle etwas mit dem Wetter zu tun. Sie fliegen kunterbunt als Bilder auf der Seite herum. Trage die Wörter in der richtigen Reihenfolge in die Kästchen ein. Das Lösungswort ergibt sich aus den Buchstaben in den grauen Kästchen. Es hat etwas mit der Sonne zu tun.

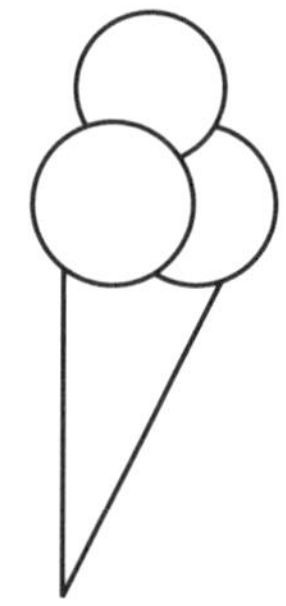

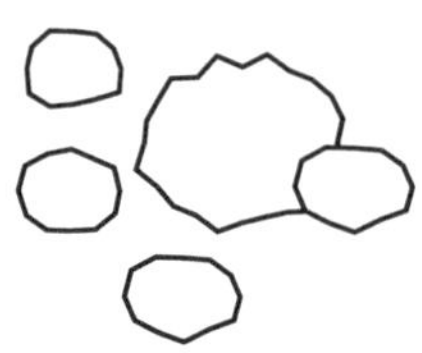

Lösung

Quiz für Pferdefreunde

Aus den folgenden Silben sind 10 Begriffe aus der Welt der Pferde zu bilden. Die grau markierten Felder von 1-10 nennen als Lösung einen Pferdespezialisten.

huf – sat – fut – der – stie – ne – pfer – reit- hal – reit – ter – fter – mäh – ei – fel – nis – de – nüs – hin – tel – sen – stall – helm – tern

1

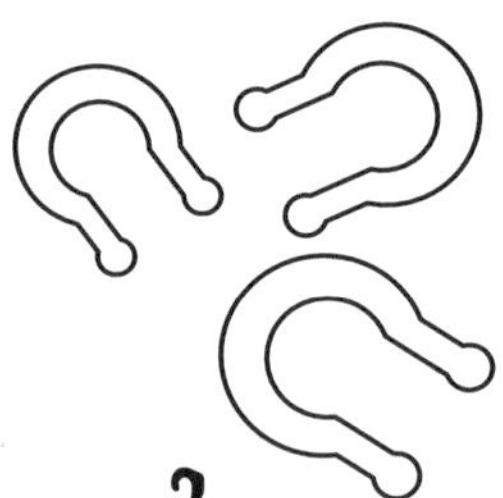

2

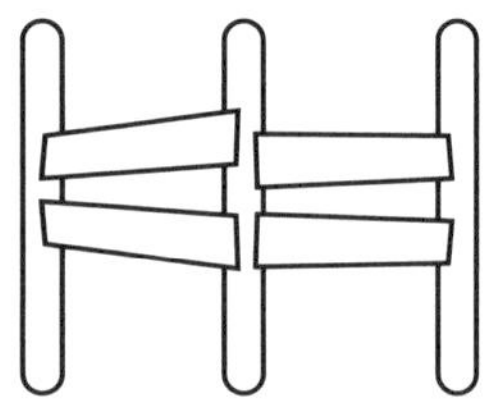

3

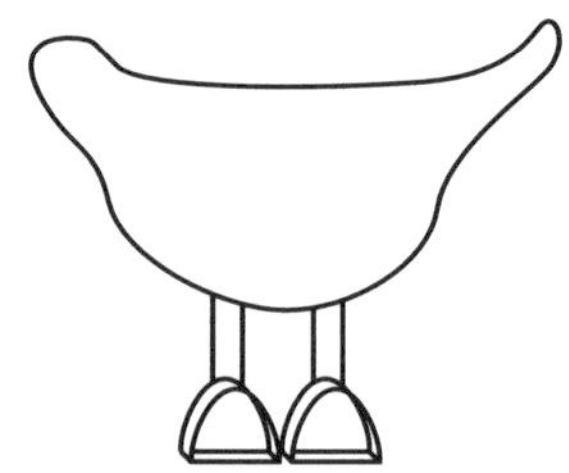

4

5

6

7

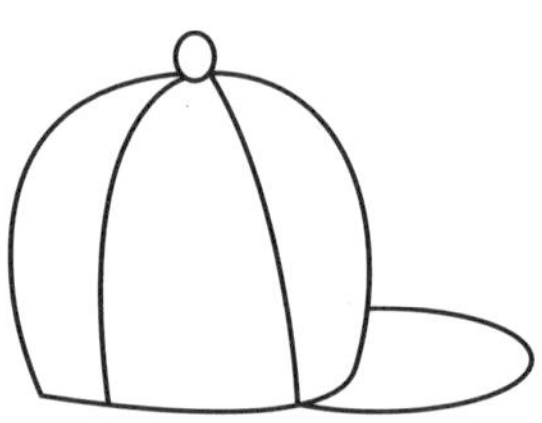

8

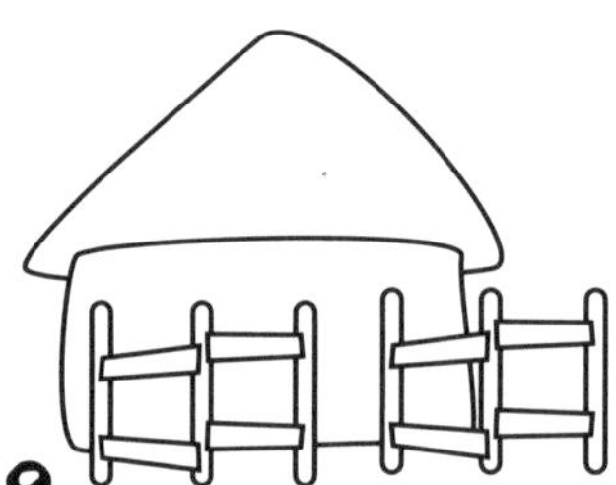

9

10

Die Lösung heißt:

1	2	3	4	5	6	7	8	9	10

Wörtersalat in der Spielzeugkiste

In der Spielzeugkiste liegt alles bunt durcheinander. Ob man da noch etwas findet? Auch die Buchstaben auf den Spielsachen stehen nicht in der richtigen Reihenfolge. Da muss man etwas Ordnung schaffen. Schreibe die Wörter richtig auf. Es sind alles Namenwörter.

_______________ _______________ _______________ _______________

_______________ _______________ _______________ _______________

Welche Früchte liegen im Korb?

Im Obstkorb liegen sieben Früchte versteckt. Kannst du sie alle entdecken? Umkreise die gefundenen Wörter. Die Bilder helfen dir bei der Suche. Die versteckten Wörter können waagerecht, senkrecht oder diagonal stehen.

W	K	I	R	S	C	H	E	X	O
O	G	U	B	A	N	A	N	E	P
R	C	A	Q	K	Ü	R	W	B	V
A	U	N	P	L	V	N	D	I	D
N	H	A	Ö	F	S	Z	U	R	F
G	N	N	V	M	E	Ü	X	N	S
E	S	A	T	E	P	L	E	E	K
R	F	S	Y	W	K	I	W	I	Z

Wurstschnappen – Wer kriegt die meisten Würste?

Hunde aufgepasst! Hier gewinnt, wer die meisten Würste schnappt. Dazu gehört auch Köpfchen. Denn der Sieger muss außerdem die auf seinem Halsband eingetragene Punktzahl erreichen. Jede Wurst kann nur einmal gegessen werden. Verbindet die Würste, die die 4 Hunde jeweils fangen, am besten mit Strichen in 4 verschiedenen Farben.

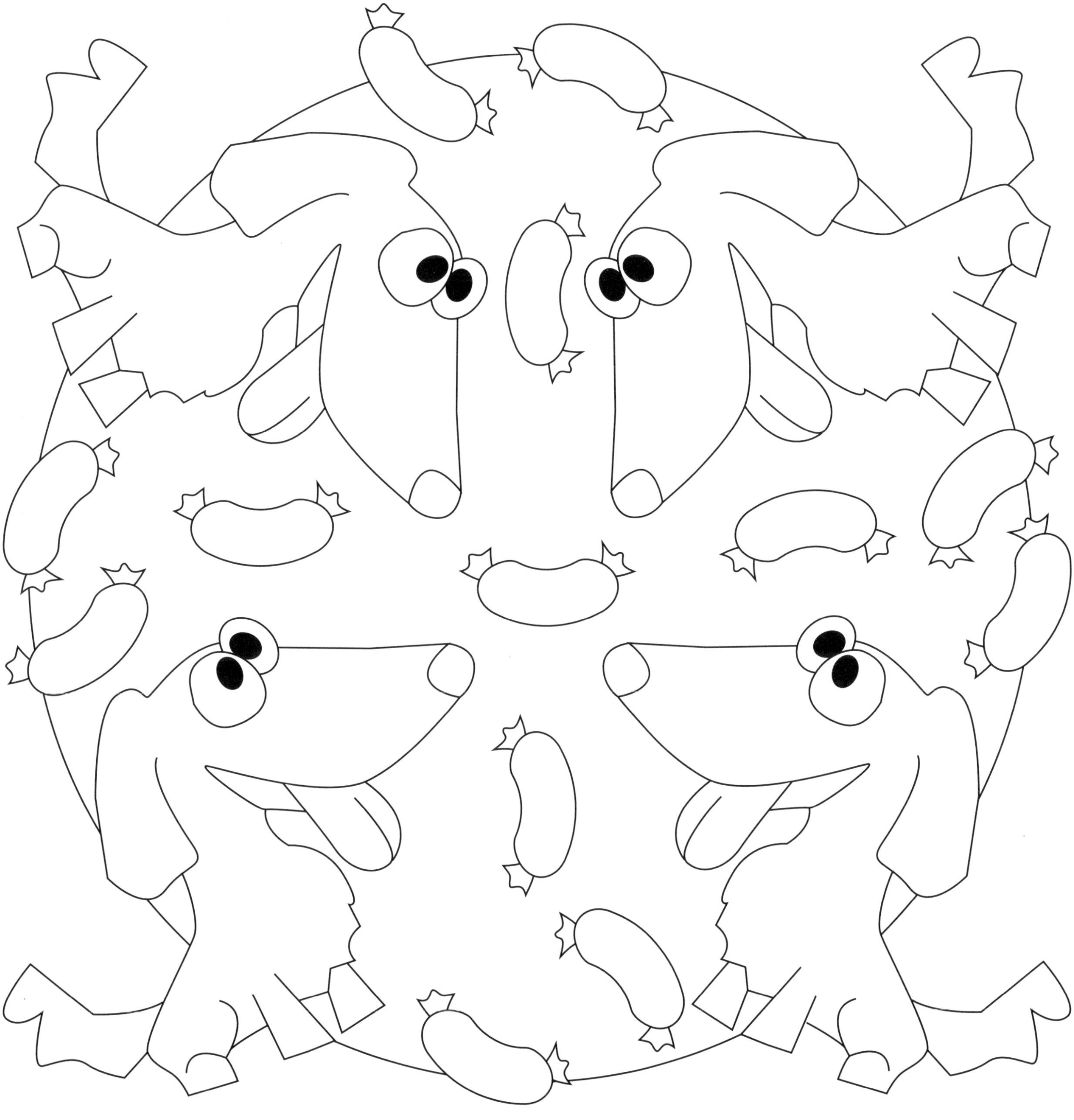

Mäusedressur – Jetzt schlägt's 13!

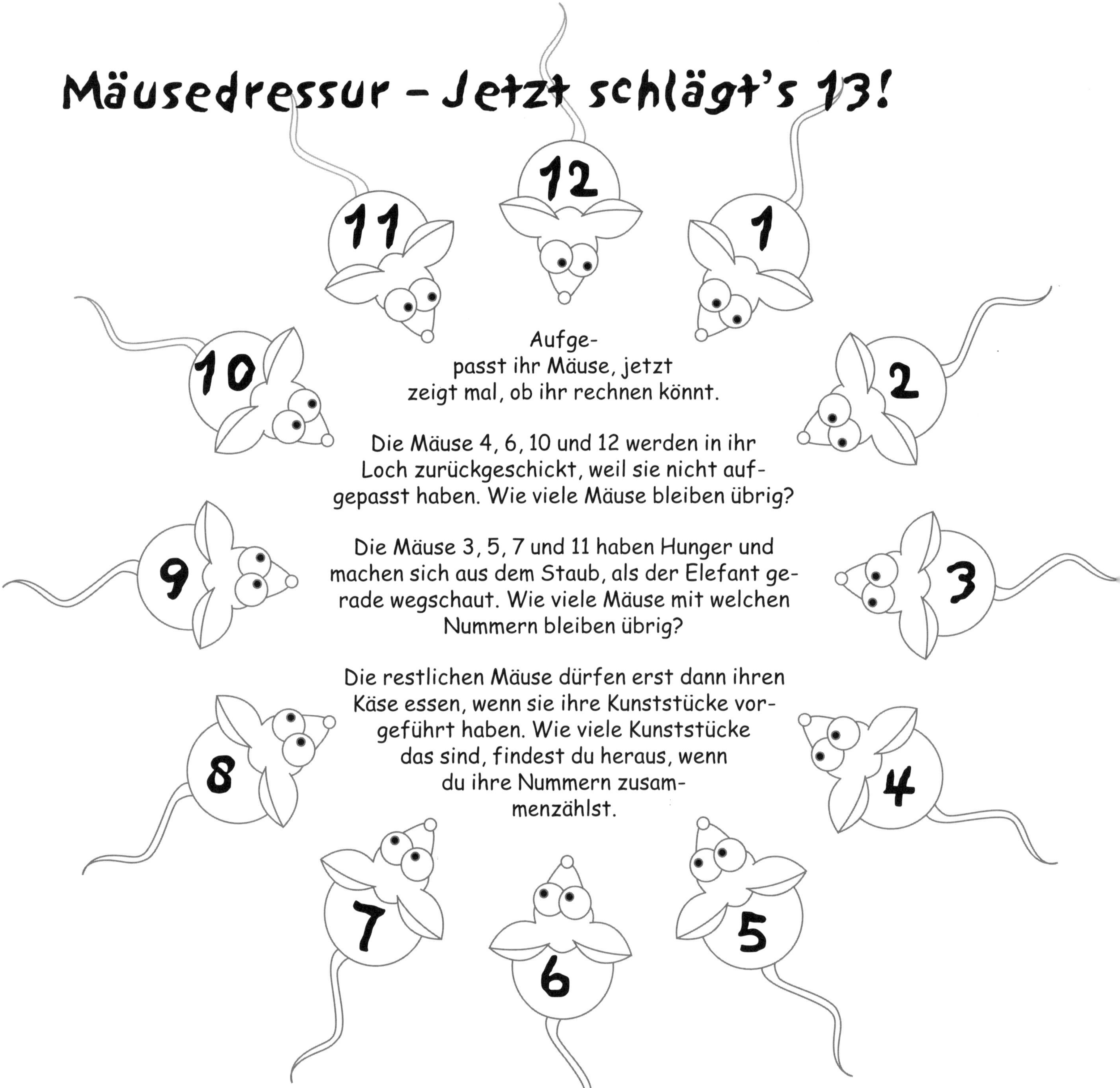

Aufgepasst ihr Mäuse, jetzt zeigt mal, ob ihr rechnen könnt.

Die Mäuse 4, 6, 10 und 12 werden in ihr Loch zurückgeschickt, weil sie nicht aufgepasst haben. Wie viele Mäuse bleiben übrig?

Die Mäuse 3, 5, 7 und 11 haben Hunger und machen sich aus dem Staub, als der Elefant gerade wegschaut. Wie viele Mäuse mit welchen Nummern bleiben übrig?

Die restlichen Mäuse dürfen erst dann ihren Käse essen, wenn sie ihre Kunststücke vorgeführt haben. Wie viele Kunststücke das sind, findest du heraus, wenn du ihre Nummern zusammenzählst.

Mobby Dick und seine Freunde

Das Meer ist die Heimat vieler Tiere. Dort könnten sie sich wohlfühlen, aber leider liegen auch viele Sachen auf dem Meeresboden, die gar nicht dorthin gehören. Und was schwimmt denn hier so alles herum? Es sind 7 Namenwörter, die alle groß anfangen. Trage sie in den Eimer ein.

Ritter Kunibert lernt zählen

Eine Burg hat viele Fenster,
Türme und Fahnen.
Beim Zählen ist Ritter Kunibert
ganz durcheinander gekommen.
Kannst du ihm helfen?

Wie viele Fenster
hat jeder Turm? ☐

Wie viele Fahnen
hat die Burg? ☐

Wie viele Fenster
haben alle 4 Türme zusammen? ☐

Wenn in jedem Fenster in jedem Turm
und auch in jedem Fenster
der Schloßmauer ein Ritter steht,
wie viele Ritter
bewachen dann die Burg? ☐

Die 3 ist die magische Zahl
in dieser Burg.

Wie oft steckt sie
in der Zahl 12? ☐

Wie oft steckt die Zahl 3
in der Zahl 24? ☐

Jonas, der Verwandlungskünstler

Der kleine freche Junge,
ist das wirklich Jonas?
Schau mal genau hin und
finde in den rechten
Bildern oben und unten
jeweils 10 Unterschiede
zum linken Bild heraus, die
du dann ankreuzt.

Was versteckt sich hinter den Punkten?

Auf diesem Bild springt ein Tier ganz geschickt durch die Luft. Verbinde die Zahlenpunkte immer bei der Zahl 1 beginnend, und du wirst sehen, was hier passiert und wo du bist.

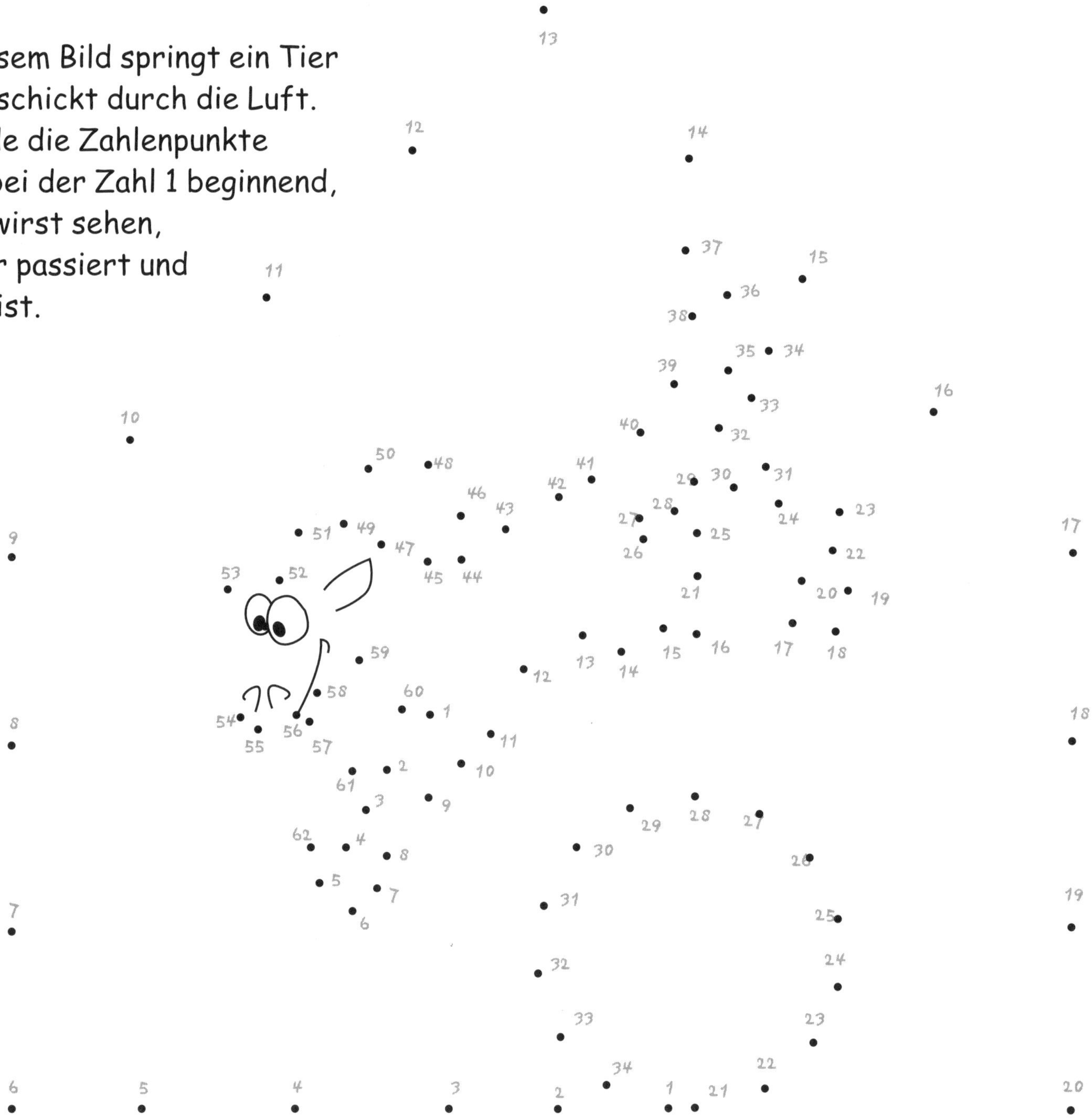

Die hungrigen Sägefische

Die Sägefische haben Wörter verschluckt.
Die Buchstaben liegen kunterbunt in ihrem Bauch.
Welche Wörter kannst du erkennen?
Trage sie in die Kästchen ein.
Die grauen Buchstaben ergeben
das Lösungswort.

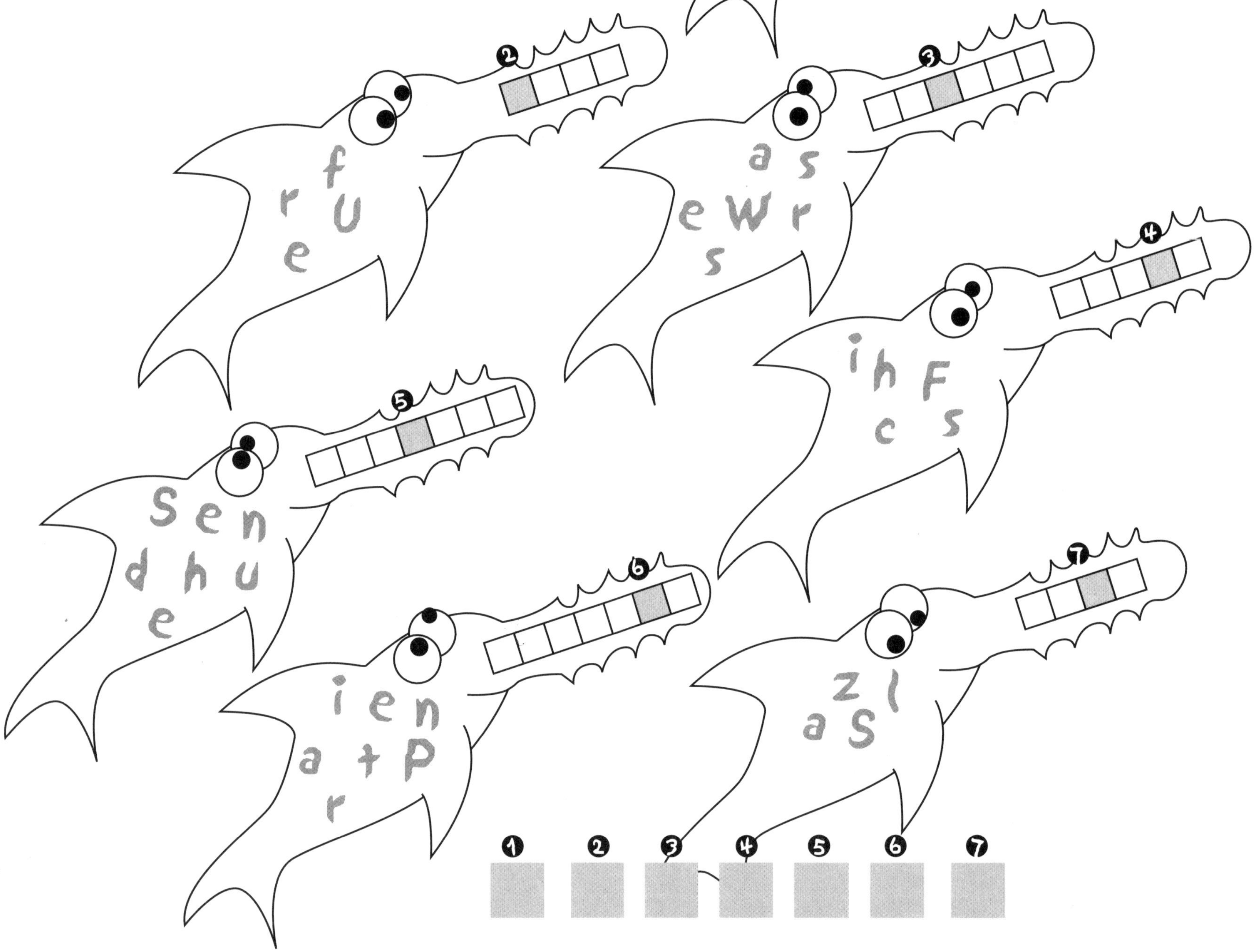

Oma hat es eilig

Wo läuft Oma bloß so schnell hin?
Ist es wirklich die gleiche Oma? Sieh dir die beiden Bilder genau an und kreuze im rechten Bild 10 Unterschiede an.

Geheimnisvolle Spuren im Sand

Stellt bis zu 3 Spielsteine auf den 1. Fußabdruck. Würfelt im Uhrzeigersinn. Beginnen darf, wer eine 6 würfelt. Wer auf ein Feld mit einer Rechenaufgabe kommt, muss diese zuerst lösen und darf dann in der nächsten Runde weitergehen. Wer falsch rechnet, muss 1 Feld zurückgehen. Pech hat, wer auf die schwarze Hand tritt! Am Schluss wartet auf den Gewinner eine prall gefüllte Schatzkiste.

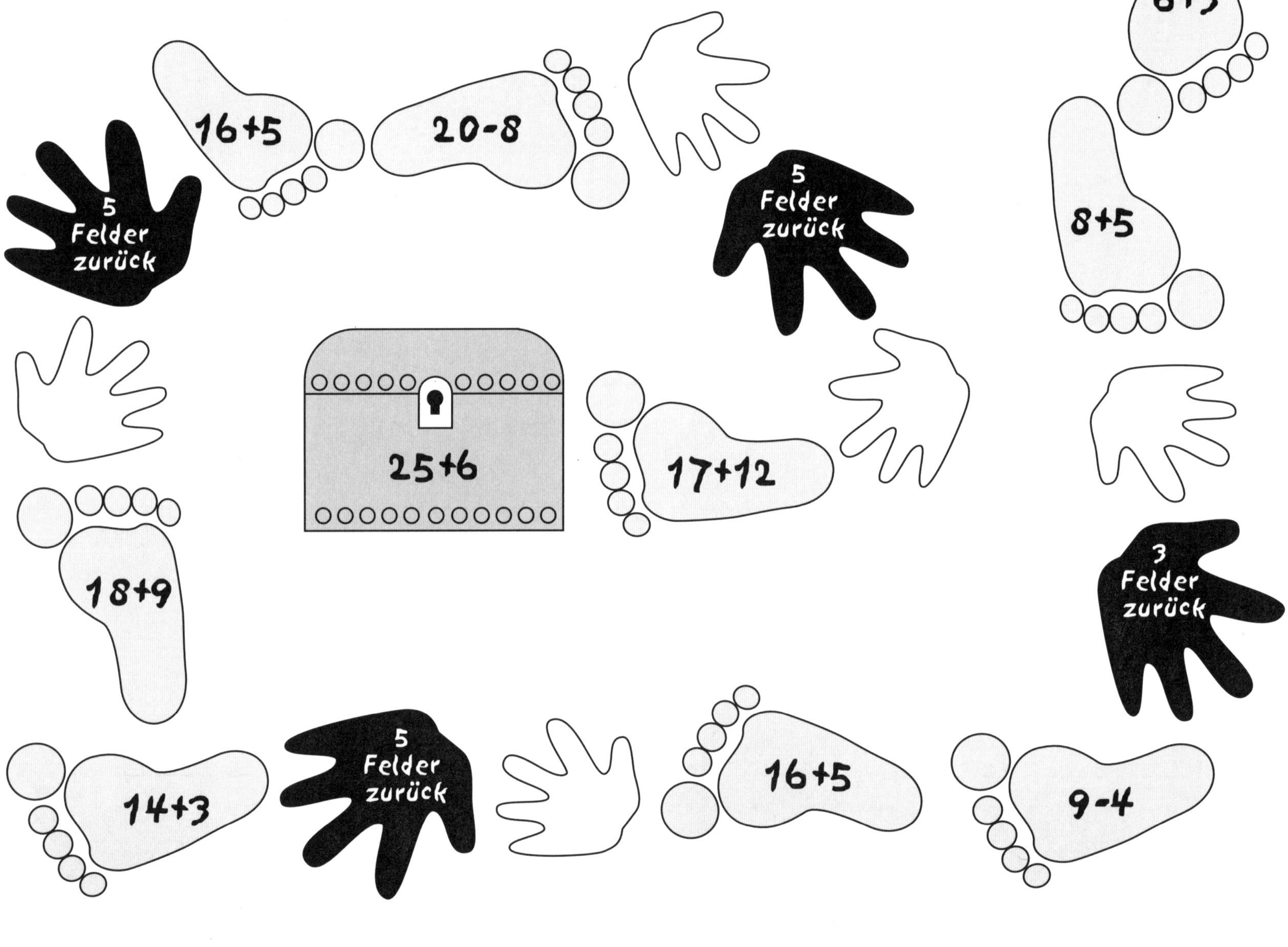

Der Froschkönig sucht die Prinzessin

Der Frosch hat die Goldkugel der Prinzessin im Teich gefunden und möchte sie ihr so schnell wie möglich bringen. Aber der Weg über den großen Teich ist nicht so einfach. Er muss von Seerosenblatt zu Seerosenblatt hüpfen und dabei auch noch Rechenaufgaben lösen. Es gibt nur einen richtigen Weg.

Der Froschkönig muss immer weiter zu der Aufgabe springen, die mit der vorherigen Ergebniszahl beginnt. In welchem Gebäude ist die Prinzessin? Am besten malst du die Seerosenblätter, die den richtigen Weg weisen, farbig aus und verbindest sie.

Wörtersuche am Nachthimmel

Wer sich den sternenbedeckten Himmel anschaut, kann vielleicht einige Sternbilder erkennen. In unserem Sternenhimmel kann man viele Wörter entdecken. Aber es fehlen immer Buchstaben. Es gibt viele Wörter, die sind fast gleich. Schau dir die Wortpaare genau an. Nur ein Buchstabe ist jeweils anders. Trage die Lösungen mit großen Druckbuchstaben in die Kästchen ein. Die Buchstaben der grauen Felder ergeben das Lösungswort.

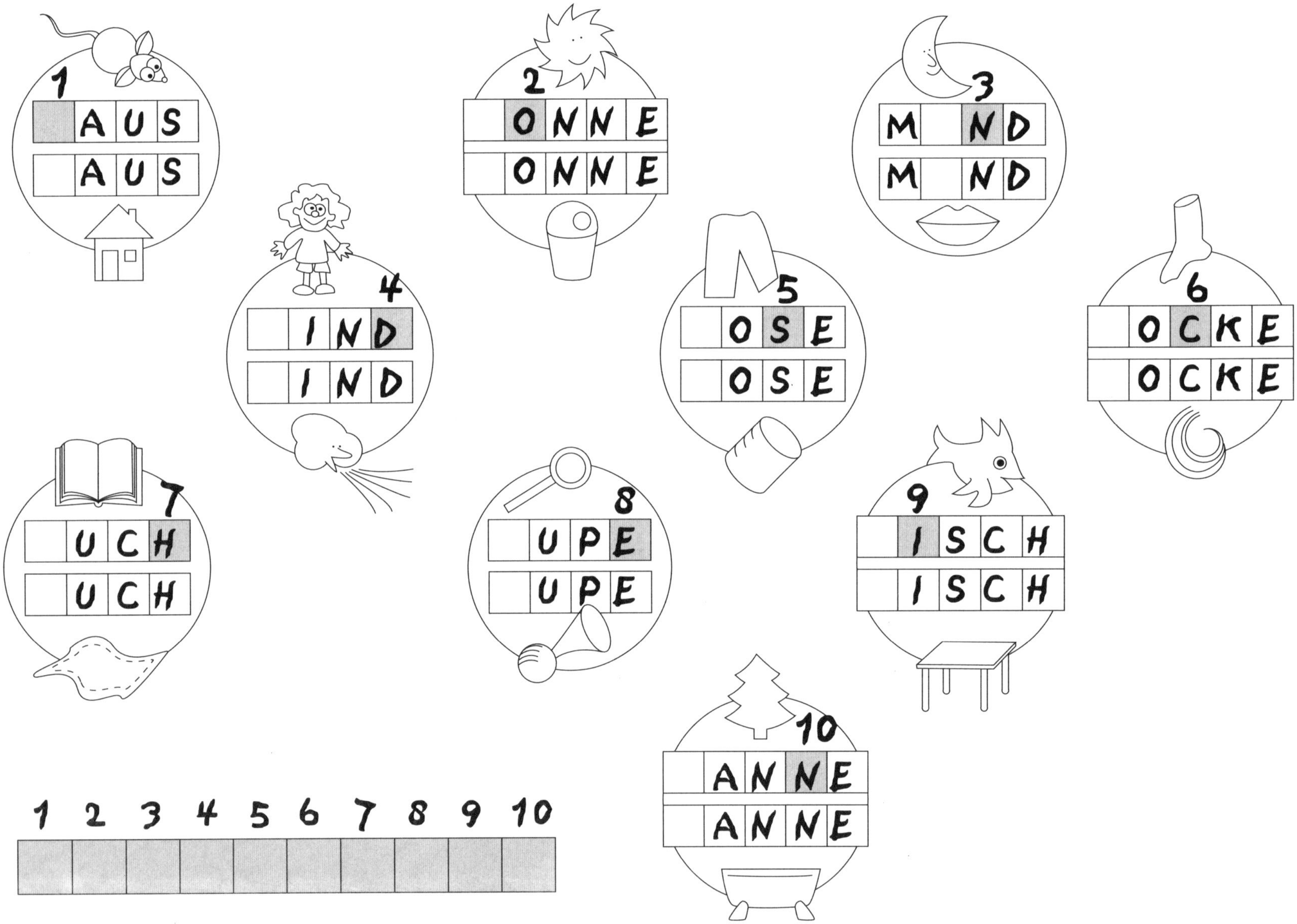

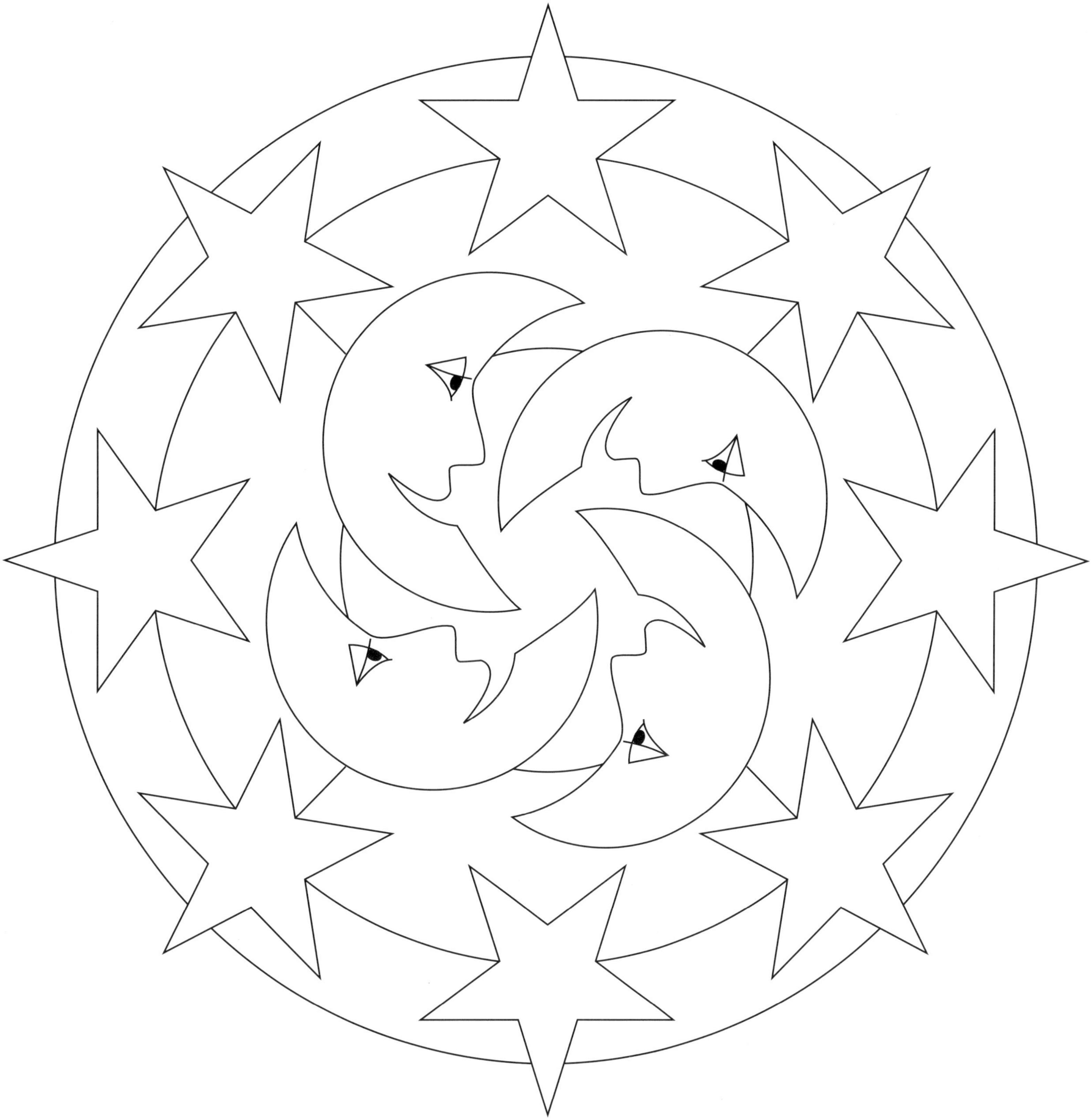

Hasen-Wettrechnen

Nur der schnelle Rechenhase ist als erster am Korb mit den leckeren Möhren. Bei allen Aufgaben muss die Zahl 15 als Ergebnis herauskommen, sie steht auch auf dem Möhrenkorb. Streicht die nicht benötigten Zahlen in den einzelnen Rechenaufgaben durch.

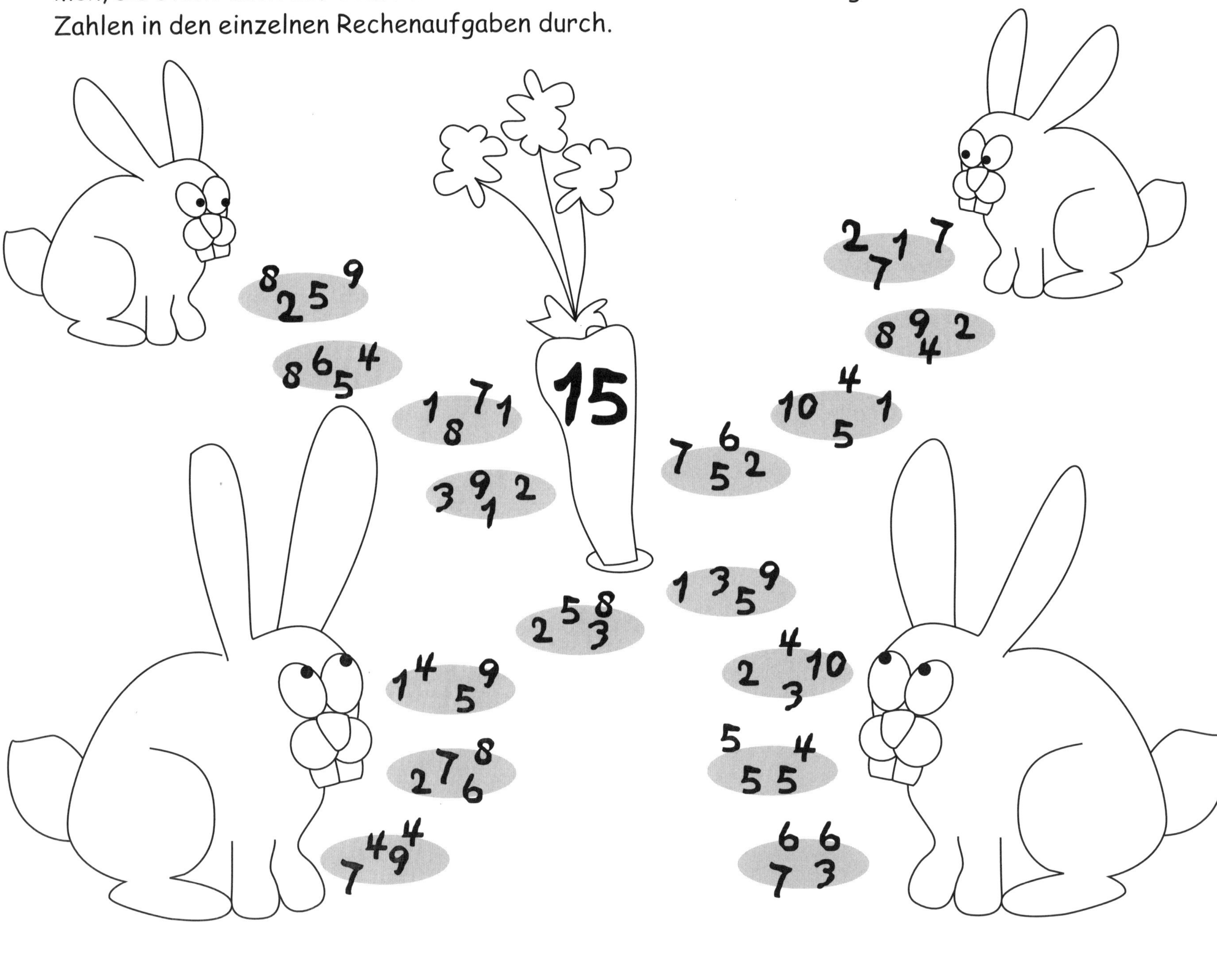

Tagesablauf eines wolligen Schäfchens

Die Schafe werden auf die Weide getrieben.

Frühstück

Pause und Spielzeit

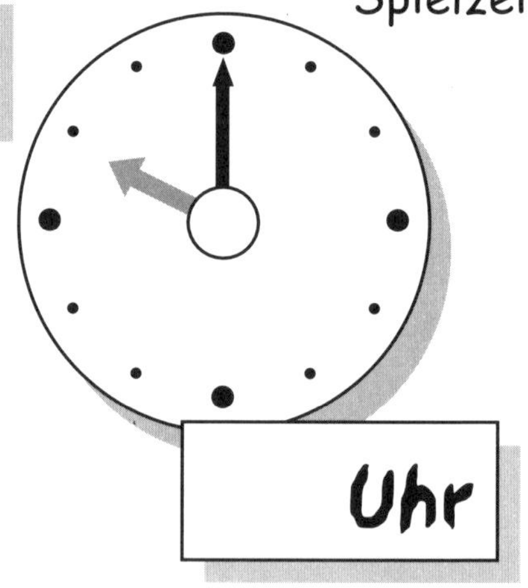

Schlafenszeit: Jetzt können die Schafe Schäfchen zählen...

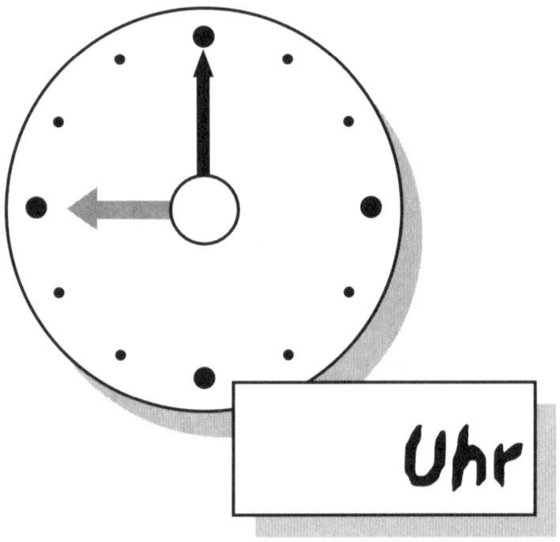

Auch Schafe leben nach einem festen Tagesablauf. Habt ihr das gewusst? Tragt die Uhrzeiten ein, die für die Schäfchen wichtig sind.

Mittagessen

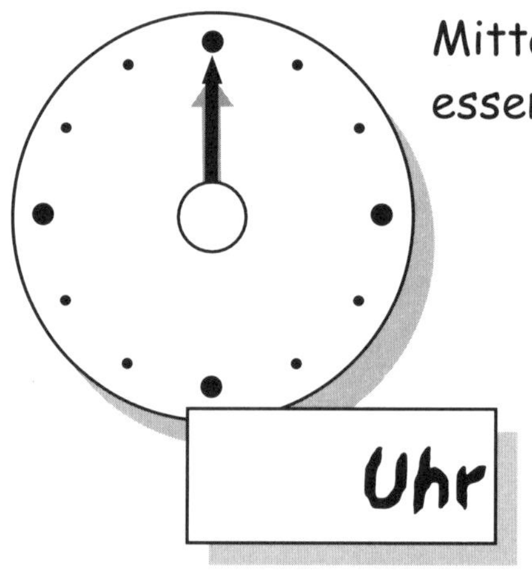

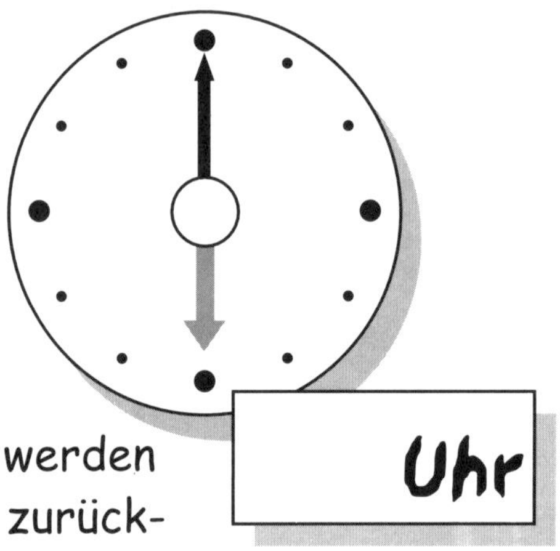

Die Schafe werden in den Stall zurückgetrieben.

Der Bauer schaut nach, ob alles in Ordnung ist.

Das Sparschwein wird geschlachtet

Wieviel Geld hat Hannah?

Ben und Hannah haben Glück.
Endlich können sie das Sparschwein schlachten. Da ist ganz schön viel drin.

Hannah möchte sich ein kleines Lastauto kaufen, das 12 DM kostet.
Ben möchte sich vom Ersparten ein Kuscheltier kaufen, das 18 DM kostet.

Bleibt Ben noch etwas Geld übrig?

Rechenspaß im Vogelpark

An einem Sonntag machen Nicola und Thomas mit ihrer Freundin Melanie einen Ausflug in den Vogelpark. Sie haben etwas Kleingeld mitgenommen, um Futter für die Vögel zu kaufen. Eine große Tüte Vogelfutter kostet 1 DM, eine kleine Tüte 50 Pfennig und ein Meisenknödel 80 Pfennig. Nicola kauft eine große Tüte Futter, Thomas einen Meisenknödel und Melanie eine kleine Tüte Futter. Streiche in den Geldbörsen die Münzen durch, die die Kinder zum Kauf benötigen.

Wie viel Geld bleibt Thomas noch übrig?

Wie viel Geld bleibt Nicola noch übrig?

Wie viel Geld bleibt Melanie noch übrig?

Es geht eine Zipfelmütz ...

Das ist ein lustiger Zipfelmützentanz. Die Tänzer drehen sich immer schneller im Kreis herum, einige werden dabei ganz durcheinander im Kopf und haben den Text vergessen. Ergänzt im nachfolgenden Lückentext die fehlenden Buchstaben und löst auch die Rechenaufgaben. Denkt daran, dass man Namenwörter groß schreibt.

E_ _eh_ _in_ _i_f__m_t_

_n _n_er_ _r_i_ h_r__ w_d_b__.

D__i_a_ __ei _s_ ______,

__h w__s_ _a, _ie _c_s _e_n_.

_r__m_l _r_i _n_ _i_s __t ____.

Z_pf___ü__ _l_i_ _t__n!

_i_ r_t_e__ s_c_ ,

s__ s_h_t__l_ _i_h,

s_e w_rf_n _i_ __i_e _i_t_r s__h,

s_e k__t__h_n i_ d__ _and:

w__ _e_d_ s__d v_r_a_dt!

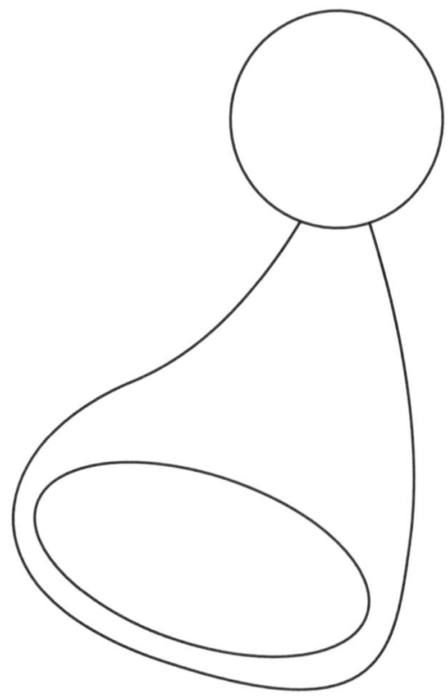

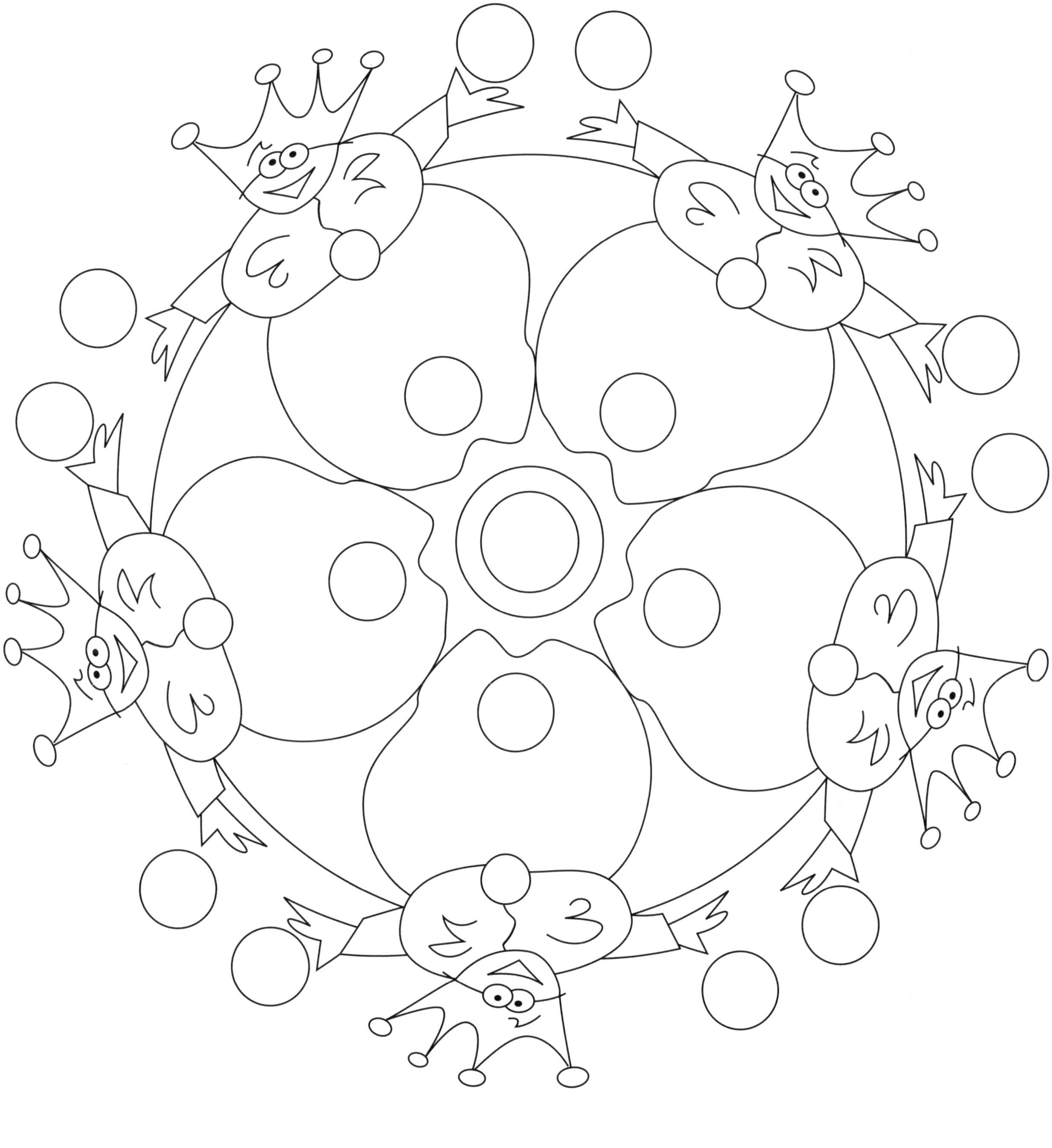

Schnelle Rechenraketen

Trage die fehlenden Zahlen in die Kästchen ein. Die Summe der einzelnen Kästchen ergibt jeweils die Zahl in den grauen Feldern. Die Rakete des schnellsten Rechners kann als erste lossausen.

Wo sind meine Freunde?

Das Erdhörnchen ist so mit der Futtersuche beschäftigt, dass es seine Freunde im Wald verliert. Wo sind sie nur? Trage die Namen mit großen Druckbuchstaben in die Kästchen ein. Die Antwort kannst du von oben nach unten in den grauen Kästchen lesen. Die Tiere haben auch Wortspuren im Wald hinterlassen, die helfen dir bei der Suche.

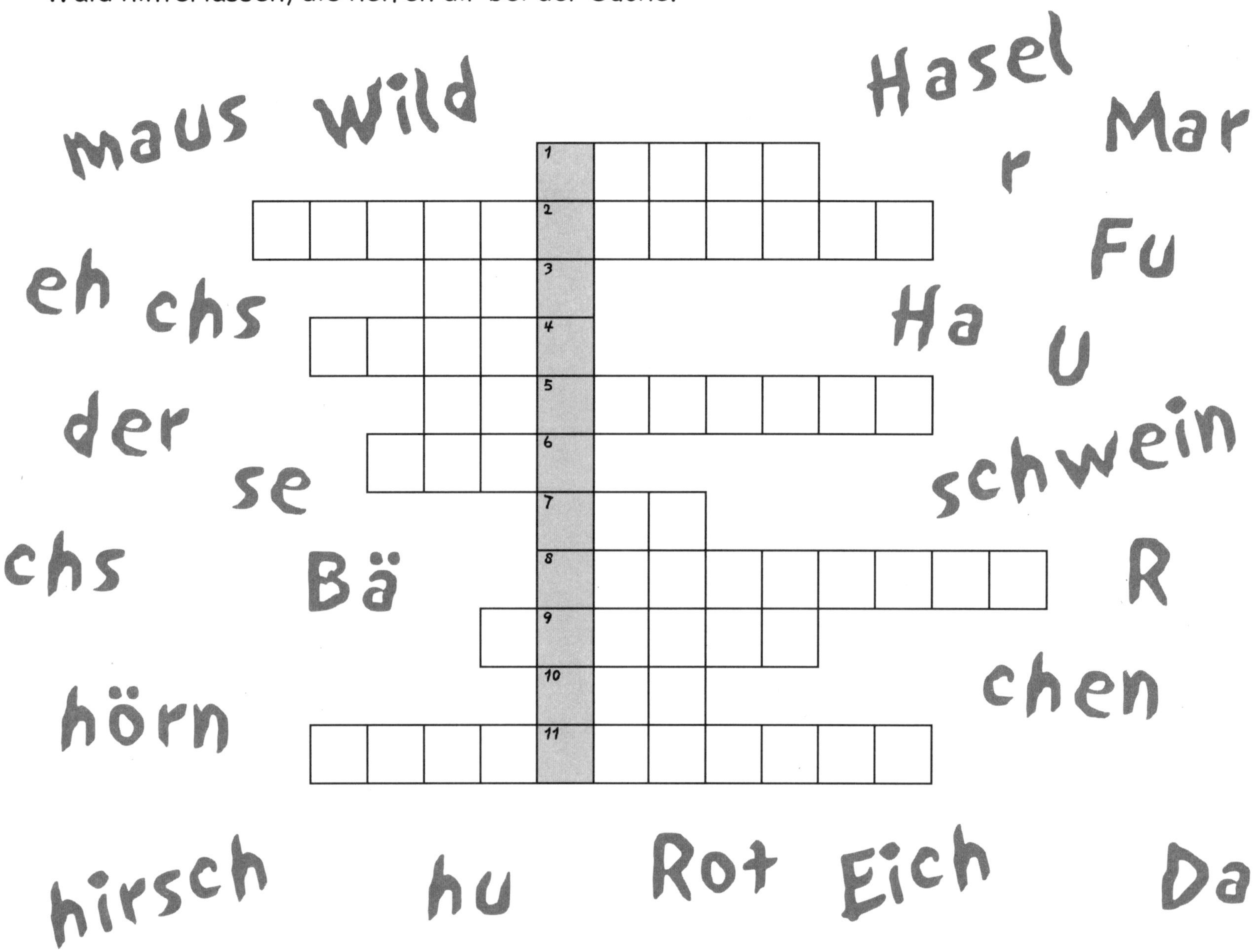

Lustiges Ringelrein

Viele Kinder drehen sich im Kreis, schneller, schneller, immer schneller. Einige gehen aus dem Kreis, andere kommen neu hinzu.

Wie viele Beine zählst du?

Antwort:

Wie viele Kinder drehen sich im Kreis?

Antwort:

Wie viele Kinderpaare tanzen?

Antwort:

Können immer zwei Kinder zusammen tanzen?

Antwort:

Jetzt kommen 3 andere Kinder dazu. Wie viele Kinder sind es?

Antwort:

Ein Kind hat keine Lust mehr und geht aus dem Kreis. Wie viele Beine zählst du jetzt?

Antwort: